AF346448

ALLOCUTION

PRONONCÉE DANS L'ÉGLISE DE PAUILLAC

A L'OCCASION DU MARIAGE

DE

M. Jules de BELLABRE

AVEC

Mlle Geneviève de FERRAND

le 27 Juillet 1886

PAR

M. l'abbé d'ARMAILHACQ

Chanoine honoraire

Chapelain de Saint-Louis-des-Français, à Rome

───※───

PARIS-AUTEUIL

IMPRIMERIE DES APPRENTIS-ORPHELINS — ROUSSEL

40, RUE LA FONTAINE, 40

—

1886

ALLOCUTION

PRONONCÉE DANS L'ÉGLISE DE PAUILLAC

A L'OCCASION DU MARIAGE

DE

M. Jules de BELLABRE

AVEC

Mlle Geneviève de FERRAND

le 27 Juillet 1886

PAR

M. l'abbé d'ARMAILHACQ

Chanoine honoraire

Chapelain de Saint—Louis—des—Français, à Rome

PARIS-AUTEUIL

IMPRIMERIE DES APPRENTIS-ORPHELINS — ROUSSEL

40, RUE LA FONTAINE, 40

—

1886

Mon Cher Neveu,

Ma Chère Nièce,

Souffrez que, tout d'abord, j'adresse mes remerciements à la divine Providence qui, malgré l'éloignement où elle a fixé ma vie, a permis que je puisse assister à cette fête et bénir votre mariage. La joie de votre union ne se borne pas à vous seuls, elle rayonne sur tous ceux qui vous entourent et vous accompagnent aux pieds des saints autels. Nul, je puis le dire, ne la ressent plus vivement que moi : vous savez, ma chère nièce, quels sont les sentiments qui m'animent à votre égard, et vous, mon cher neveu, veuillez croire que vous avez déjà pris dans mes affections la place que je dois vous y donner et que vous méritent. si bien vos sentiments chrétiens, vos aimables qualités, ainsi que les vertus qui sont de tradition dans votre famille.

Oui, encore une fois, je suis heureux d'avoir à bénir votre union, et c'est du fond du cœur que je vais prononcer tout à l'heure les belles prières, les touchantes bénédictions que l'Eglise met sur les lèvres de son ministre.

Mais, sans taire ces sentiments tout personnels, je ne puis oublier que le prêtre doit vous adresser quelques paroles, paroles que l'ami le plus sincère ne saurait désavouer, puis qu'elles ont pour objet votre bonheur le plus certain.

Je veux vous rappeler la grandeur et la dignité du Sacrement que vous venez de recevoir : trop souvent il semble s'effacer devant les autres mystères de l'amour d'un Dieu pour ses enfants ; mais celui qui s'y arrête ne peut que répéter le mot de saint Paul : Oui, ce sacrement est grand en Jésus-Christ et en son Église.

Il était grand aux premiers jours du monde, lorsque Dieu unissait notre premier père avec la mère de tous les hommes sous les ombrages de l'Éden. Il est plus grand lorsque Jésus-Christ daigne en consacrer les fêtes par sa présence et son premier miracle à Cana. Il reçoit le dernier sceau de sa grandeur, de ses grâces, de sa mystérieuse signification lorsqu'il découle du cœur entr'ouvert du Sauveur suspendu à la croix.

L'union des époux, respectée chez tous les peuples et dans tous les temps, foyer des saintes affections, base de la famille et de la société, devenue le sacrement de mariage, devra être l'image et la représentation sur terre de l'union divine, indissoluble, féconde et créatrice de Jésus-Christ et de son Église.

Laissons de côté les exemples profanes d'amour, de dévouement et de bonheur ; laissons ces touchantes unions de l'Ancien Testament : ni Abraham et Sara, Isaac et Rebecca, Jacob et Rachel, ne sont de dignes modèles à proposer aux époux chrétiens. Portez vos regards plus haut, mon cher neveu, et dites-vous que vous avez à imiter Jésus-Christ dans son amour généreux, protecteur et dévoué jusqu'à la mort pour son Église ; et vous, ma chère nièce, apprenez de l'Église, cette affection pure, chaste soumise, remplissant l'âme toute entière, se donnant toujours et sans réserve, ne craignant pas de souffrir, s'il le faut, pour l'honneur, la gloire ou le repos de votre époux. Comprenez bien, tous les deux, qu'aux yeux de Dieu, devant qui vous venez de prononcer des engagements solennels, votre mariage n'est point une affaire de position ou de convenance ; ce n'est point l'union de deux cœurs qui s'aiment et cherchent ensemble le bonheur ; c'est l'union en Dieu et par Dieu de deux âmes qui se confondent en une seule et appuyées l'une sur l'autre traversent la vie d'un pas plus ferme et tendent plus sûrement à leur fin bienheureuse ; c'est la source sainte et féconde des enfants de Dieu, et l'Église la consacre, afin que ces enfants, bénis dès le sein de leur mère, sanctifiés dès leur naissance, respirent au foyer paternel un atmosphère de religion, de piété et de vertu. Voilà pourquoi Dieu va créer en vous des cœurs nouveaux. Il vous laissera tout ce que vous avez de pur, de noble et de bon, mais il va y ajouter par sa grâce, ce qui fait le cœur des époux, ce qui fait le cœur du père, ce qui fait le cœur de la mère, la plus admirable de ses œuvres, et la plus vive image de son propre cœur.

Enfin, il faut bien vous le dire, dans la carrière où vous entrez, tous les jours ne seront pas comme celui-ci : tout, dans la vie, n'est pas joie, sourires et fêtes. Vous venez, avec un nouvel honneur, de contracter de nouvelles obligations, des devoirs austères et parfois redoutables, car la vie la plus fortunée a ses épreuves, ses heures de fatigue, de douleurs et de larmes. Vous ne l'avez que trop ressenti tout dernièrement, mon cher neveu, où trouver alors la force qui n'est pas en vous ? Irez-vous la demander au monde ? Oh non ! vous savez qu'il est impuissant. Ouvrez vos âmes, ouvrez vos cœurs, la grâce divine, la grâce du Sacrement va les remplir, et faire jaillir du plus profond de votre être une source qui ne tarira plus, une source de lumières, de force et de résignation : c'est là que désormais vous viendrez puiser, aux jours heureux pour consacrer vos joies, et surtout aux jours d'épreuve pour sanctifier et consoler vos douleurs.

Ah ! si l'on connaissait mieux les saintes

joies du mariage chrétien, si on respectait toujours ses lois, si on savait user de la force qu'il
communique aux âmes, de quelle auréole de
paix et de bonheur s'environneraient les famil-
les fidèles. On parle de réforme, de progrès ; là
est le véritable progrès, là est la vraie réforme ;
partant de ces foyers bénis, le calme et la
sécurité, la justice et l'honneur se répandraient
dans la société toute entière et réaliseraient sur
terre le règne de Dieu, cet idéal de perfection
que chacun de nous porte au fond du cœur.

Vous, du moins, vous connaissez votre
bonheur et vous appréciez par dessus tout
l'honneur qui de Dieu descend sur vous : vous
avez reçu la grâce divine dans de saintes dis-
positions, vous lui serez toujours fidèles ; à
travers toutes les vicissitudes de l'existence,
vous n'oublierez pas, mon cher neveu, que
vous devez aimer et protéger celle que Dieu
vous donne aujourd'hui pour compagne de
votre vie, et en lui donnant votre bras pour
appui, vous lui donnerez aussi et surtout votre
cœur et votre âme pour abri et pour refuge ;
et vous, ma chère nièce, en voyant à votre
doigt, cet anneau que je viens de bénir, vous
vous direz que la chaîne qui vous lie à votre
époux est un lien d'affection, de soumission et
de déférence. Tous deux unis ainsi de cœur
et d'âme, marchant sur les traces de vos parents
si chrétiens, reproduisant en vous et autour de

vous ces exemples de fermeté dans vos convictions religieuses, d'honneur, de loyauté et de vertu que vous avez reçu de vos ancêtres et que vous devez transmettre à vos enfants, comme un héritage sacré ; les yeux toujours fixés vers ces rivages éternels où vous ont précédé, et d'où vous contemplent avec amour, vous, mon neveu, un père, qui fut l'exemple de tous les siens ; vous ma chère enfant, une mère, dont je ne puis ici évoquer le souvenir sans faire tressaillir trop de cœurs, et qui fut le modèle des épouses et des mères chrétiennes, vous vous avancerez dans la paix d'une bonne conscience, dans la sereine tranquillité des devoirs accomplis, et vous arriverez les mains pleines de bonnes œuvres devant Celui qui aura sanctifié votre vie et vous donnera la récompense dûe à vos mérites et à vos vertus.

C'est ce que nous allons, tous, parents ou amis, demander à Dieu du plus profond de nos cœurs dans une commune prière, pendant le saint sacrifice de la messe, et dont je suis heureux de pouvoir vous donner comme gage anticipé, la Bénédiction du représentant de Jésus-Christ sur terre, la Bénédiction Apostolique, que le Souverain Pontife, Léon XIII, a bien voulu vous accorder, à ma demande, avec une bienveillance toute paternelle.

www.ingramcontent.com/pod-product-compliance
Lightning Source LLC
LaVergne TN
LVHW011931170726
843501LV00011BA/4330